8° R
15262

273

AF330277

Mespoulet (Marguerite) et
Dumas Esther.
L'Effort des femmes britaniques
pendant la guerre

8° R
15262

MINISTÈRE DE L'INSTRUCTION PUBLIQUE ET DES BEAUX-ARTS

MUSÉE PÉDAGOGIQUE

41, rue Gay-Lussac, 41

SERVICE DES PROJECTIONS LUMINEUSES

NOTICE SUR LES VUES

L'EFFORT DES FEMMES BRITANNIQUES
PENDANT LA GUERRE

PAR

Marguerite MESPOULET, agrégée de l'Université

ET

Esther DUMAS

MELUN

IMPRIMERIE ADMINISTRATIVE

1918

*La présente notice devra être renvoyée au Musée
Pédagogique avec les Vues.*

TABLE DES MATIÈRES

ET DES VUES

INTRODUCTION (1)

Les Français aiment à bien connaître leurs amis et
à comprendre pourquoi ils les aiment. Cette exigence
satisfaite affermit nos sentiments. En amitié, comme
en lutte, nous voulons que la raison soit pour nous.
Nous avons, en effet, toute cause d'admirer les femmes
britanniques pour leur bel effort pendant cette guerre
chez elles et chez nous. Elles y ont montré les
caractères de leur peuple: sentiment du devoir civique,
ténacité, endurance; elles s'y sont montrées volontairement disciplinées, intrépides, désintéressées,
généreuses de leurs biens, de leur temps et de leurs

---

(1) Nous tenons à remercier ici:

*The British Red-Cross society and the Order of Saint-John of
Jerusalem in England.* (Le Comité britannique de la Croix-
Rouge française à Londres). *H.M.S. Chief-Inspector of fac-
tories « Home office ». — The Ministry of Labour employment
Department. — The Central office. Board of Trade's employment
Department. — Mrs. Alfred Lyttelton, deputy-director of the
Women's branch at the food production Department. — Mr. Mac-
lagen, head of the Paris Bureau of the Ministry of information.
— Miss Ivens, médecin-chef de l'hôpital de Royaumont. — The*

forces. La guerre ne les a pas trouvées dispersées, ni prises au dépourvu : partout, dans les associations politiques pour le suffrage des femmes, dans les associations religieuses, dans les sociétés professionnelles et de métiers, dans l'industrie et ailleurs, elles étaient déjà organisées ; les unes prêtes à partir pour le front, toutes entraînées à obéir ou à diriger.

Le pays a bénéficié aussitôt de cette préparation morale et matérielle pour le recrutement des volontaires :

dans les corps sanitaires à l'arrière et sur le front,

dans les organisations militaires de femmes,

dans les usines de guerre,

dans tous les métiers,

aux travaux des champs,

et leurs alliés ont reçu des preuves innombrables de leur fidélité et de leur compassion.

Leur effort, loin de faiblir, ne fait que croître. En effet, d'après les statistiques des ministères anglais

---

French wounded emergency fund. — The London Society for women's suffrage. — The Quakers' mission in France, —
A qui nous devons les rapports et documents concernant les divers travaux des femmes britanniques.
Nous avons encore consulté divers journaux et revues et les ouvrages suivants :
Hon. Mrs. F. Maclaren : *Women of the war*; Dᵣ C. Matthews : *Expériences of a woman doctor in Serbia*; H. M. Usborne : *Women's work in war time*; X.: *Diary of a nursing sister on the western front.*

du Commerce et du Travail, le nombre des femmes qui travaillent était en juillet 19 4 de 3.287.000 dont 2.000.000 relevaient des lois industrielles (Factory acts) tandis qu'en octobre 1917 il était déjà de 4.713,000 auxquelles il fallait ajouter 34,000 W.A. A.C.S. et 140.000 V.A.D., et toutes celles qui ne donnent qu'une partie de leur temps ; enfin les membres des corps féminins de la marine de l'aviation et de la Croix-Rouge. Aujourd'hui, ce nombre doit s'être considérablement accru.

L'EFFORT DES FEMMES BRITANNIQUES
PENDANT LA GUERRE

I. — SERVICES MÉDICAUX DE L'ARRIÈRE ET LEURS AUXILIAIRES.

FEMMES DOCTEURS ET INFIRMIÈRES

Celles que nous connaissons le mieux, surtout dans le nord de la France et dans la région parisienne pour les y voir dans les hôpitaux, refuges et cantines sont les femmes médecins, chirurgiens, garde-malades des corps sanitaires de la Grande-Bretagne et de leurs sociétés auxiliaires.

C'est ici surtout que la préparation d'avant-guerre a pu faire ses preuves.

Le service de santé de l'armée, les associations de la Croix-Rouge comprennent des hommes et des femmes médecins et des garde-malades. Les aides volontaires V.A.D., les sociétés pour le suffrage féminin, l'union chrétienne des jeunes filles Y.W.C.A., le corps du secours immédiat W.E.C. (Women's Emergency Corps) et d'autres ne comprennent que des femmes. Toutes ces sociétés, différentes par leur origine, leur administration et leur recrutement, savent ne pas faire double emploi et prouvent qu'il est inutile de centraliser.

FEMMES MÉDECINS ET CHIRURGIENS

Grâce aux efforts d'Elizabeth Blackwell, d'Elizabeth Barrett et de Sophia Jex-Blake, la carrière médicale fut ouverte aux femmes en 1877 au collège du Roi et de la Reine à Dublin, et celles-ci ont fait le plus grand honneur à la profession « surtout comme chirurgiens ».

« Lorsqu'on pense » dit Mrs. Henry Fawcett dans un article de l'*English Review* de mars 1918 « à l'œuvre merveilleuse que ces femmes ont accomplie comme médecins et comme chirurgiens pendant la guerre, on peut se faire une idée de ce que le monde entier a reçu en échange des études professionnelles qu'on leur avait permis de faire. Des écrivains et des hommes de science, de Serbie, de France et d'autres pays ont témoigné publiquement de la valeur des services qu'elles ont rendus. »

On verra plus loin ce que la fille d'Elizabeth Barrett a fait avec d'autres femmes médecins pour la France d'abord, ensuite pour le service de santé anglais.

On verra aussi quelle fut l'œuvre héroïque et merveilleuse des médecins suffragettes écossaises.

D'autres, isolées, furent non moins braves et non moins utiles ; telle le Dr Caroline Matthews qui partit seule pour la Serbie, resta à la seconde invasion dans un village de la frontière bosnienne à la tête d'un hôpital qui manquait de tout pour y lutter contre le typhus, la diphtérie, le choléra ; seul médecin, chirurgien, hygiéniste du village. Elle sut tout organiser, tout braver, même les lâchetés, les brutalités du major allemand. Enfin arrachée une nuit à sa chambre par des soldats ennemis qui l'emmenèrent comme espionne, elle subit un long martyre de village en village et de ville en ville sans que la faim, le froid, la vermine, les coups, les insultes et les pires dangers aient pu abattre son courage, affaiblir sa foi patriotique ou même lui faire perdre la joie que lui donne la beauté des choses ni le plaisir qu'elle prend à la comédie humaine.

Revenue d'Autriche avec les suffragettes écossaises elle a raconté elle-même son histoire de Serbie dans un des plus beaux livres de la guerre.

INFIRMIÈRES MILITAIRES

Le service de santé de l'armée britannique a son corps d'infirmières militaires qui est déjà ancien et populaire.

Elles doivent leur origine, sinon leur création, à Florence Nightingale, l'ancêtre de toutes les organisations modernes des garde-malades de la Grande-Bretagne ; à celle que son cœur exigeant avait mené pendant treize ans par le monde pour en étudier les hôpitaux : à Paris, chez les Sœurs de Saint-Vincent de Paul, en Allemagne, à Bruxelles, à Rome et jusqu'en Égypte et à Constantinople ; qui s'en fut en Crimée pour y soigner les blessés et qui, revenue en Angleterre, y fonda en 1853 sa célèbre école de garde-malades, à l'hôpital de Saint-Thomas.

De là les différentes sociétés de garde-malades civiles et celle des infirmières militaires britanniques. Un caractère leur est commun : c'est que, payées ou non, elles sont entrées dans la profession (j'allais dire dans l'ordre) par vocation. On ne peut être infirmière militaire qu'après avoir fait un stage de trois ans dans un hôpital civil et un autre stage de six mois dans un hôpital militaire. Elles sont soumises aux règlements de l'armée, elles doivent toujours porter leur uniforme gris, blanc et rouge ; à leur mort, leur cercueil, placé sur une prolonge d'artillerie, recouvert du drapeau, reçoit les honneurs militaires.

Comme toutes les autres organisations sanitaires, l'armée active des infirmières a sa réserve.

Attendre les ordres, des jours, des semaines, sans rien dire, quand chaque minute d'inaction vous est lourde ; aller on ne sait où, ni avec qui ; aujourd'hui ici, demain là, dans un bateau-hôpital, au cantonnement d'une base britannique, à Malte, en Égypte, en France, dans un hôpital de l'arrière ou du front, dans un train-ambulance toujours bombardé, pauvrement équipé, mal chauffé, mal éclairé, sans eau, dans une ambulance du front sous les bombardements continus, au milieu d'un océan de blessés où le fracas des convois qui passent, les feux des fusées éclairantes ne vous laissent aucun repos. Dormir sous la tente dans un baraquement, sur le plancher, ne pouvoir se déshabiller des jours et des nuits, souffrir de la vermine, de la soif du froid, de la faim, de la saleté ; être impuissante à arrêter les hémorrhagies, à calmer les délires, avoir tous les jours, presque à toute heure, des blessés qui vous meurent dans les bras ; savoir deviner les besoins divers des Écossais, des Anglais, des Canadiens, des Australiens, des Hindous boudhistes ou musulmans, aider à leur transport du train à l'hôpital sous la neige ou les obus. Enfin toujours obéir, présenter son rapport à chaque voyage, et malgré cela, ou plutôt, à à cause de cela, demeurer naïve comme une enfant et reconnaissante du plus léger bien-être de toutes les beautés, que l'on rencontre, cathédrale ou paysage, c'est la vie d'une infirmière militaire, d'après le journal que l'une d'elles vient de publier de sa première année de guerre après avoir été du Havre à Nantes puis au Mans, dans un train-ambulance, qui fut à Ypres, à Boulogne, Hazebrouck et Bailleul, aux environs de Neuve-Chapelle et de Saint-Éloi, d'où, « heureuse comme si on l'avait envoyée au ciel », elle alla rejoindre une ambulance de campagne, à trois kilomètres des lignes, au moment de la seconde bataille d'Ypres et de celle de Festubert.

II. — UNION DES SOCIÉTÉS DE LA CROIX-ROUGE BRITANNIQUE ET DE L'ORDRE DE SAINT-JEAN DE JÉRUSALEM

A la Croix-Rouge britannique il y a aussi des femmes médecins, chirurgiens et garde-malades. Il arrive souvent qu'elles passent de la Croix-Rouge au service de l'Armée. On les rencontre dans toutes les régions où l'on se bat jusqu'en Mésopotamie et en Afrique orientale.

Pour donner une idée de l'importance du travail des femmes dans ces hôpitaux, citons celui d'Étaples avec son infirmière-major, 2 sous-directrices, 53 infirmières, 42 aides volontaires de la brigade de Saint-Jean qui travaillent sous les ordres de chirurgiens et de médecins. Dans les services de l'association elles sont venues en aide à tous les alliés : Belgique, Italie, Roumanie, Serbie et Russie. Pour la France, l'Angleterre a tant fait, qu'elle a dû créer une organisation spéciale où les femmes se dévouent aussi. Elles travaillent en nombre pour la Croix-Rouge dans les services adjoints de ses hôpitaux : au laboratoire de bactériologie, aux dépôts de convalescents, aux ouvroirs, aux bureaux de recherches des blessés et des disparus, à ceux des colis pour les blessés et pour les prisonniers ; aux cantines, aux refuges des réfugiés, aux cuisines des hôpitaux de l'armée d'Orient qui préparent des régimes spéciaux pour les malades. D'autres cousent, tricotent, font des pansements chez elles pour ces œuvres ; d'autres encore conduisent les ambulances et les transports automobiles de la Croix-Rouge. Au Tréport, à Calais, à Étretat et à Étaples, il y a 180 femmes britanniques qui conduisent les transports de l'Union.

Le *Comité britannique de la Croix-Rouge française à Londres*, par son organisation, son activité franco-britannique est une preuve manifeste, émouvante, de l'union de nos deux pays et de la sympathie que nous témoignent nos alliés.

Ce comité dont la présidence fut confiée par notre ambassadeur à Londres à Madame la vicomtesse de la Panouse est placé sous les auspices de sa Majesté la reine Alexandra.

Toute la société britannique hommes et femmes, lui

a donné un appui qui ne fait que grandir à chaque nouvelle année de guerre malgré les souffrances et les pertes de la Grande-Bretagne et de ses colonies.

Il y a des dames partout à la direction et aux travaux de ces œuvres dont voici un court résumé :

Le Comité a organisé, installé 26 hôpitaux pour 3.500 lits avec des garde-malades anglaises et françaises ; il a aussi envoyé d'autres garde-malades qualifiées et des V. A. D. dans certains des 2.500 hôpitaux militaires français qu'il aide. Seuls, ceux qui ont été dans ces hôpitaux, peuvent s'imaginer la reconnaissance de nos blessés pour la douceur et l'habileté de celles qui les y soignent.

Les dames britanniques du Comité ont 50 cantines pour les Français dans des gares régulatrices et dans des camps de repos avec rafraîchissements, gramophones, journaux, cinémas, etc.

Françaises et Anglaises font et expédient 3.000 colis par mois pour les prisonniers français en Allemagne avec un total de plus de 100.000 en décembre 1917.

A cette date on avait envoyé 100.000 ballots d'objets de toutes sortes en France, dont 1.986.728 articles d'habillement.

Ces dames s'occupent aussi activement de la section de pharmacie pour les hôpitaux français.

Elles ont donné leurs soins et leur temps à nos réfugiés et à nos évacués. Elles luttent contre la tuberculose en France.

Il est impossible de dire tout ce que la France doit à ce comité qui nous a encore envoyé 530 ambulances et voiturés automobiles et 13 automobiles de Rayons X.

Soyons heureux, non seulement de voir la sympathie fraternelle dont toutes ces œuvres sont le témoignage, mais aussi de penser qu'elles auront appris à nos soldats à mieux comprendre la générosité délicate de nos Alliés, pendant que Françaises et dames britanniques à Londres arrivaient à mieux se connaître et à s'estimer pour avoir travaillé depuis quatre ans côte à côte.

Le délicat poète et critique d'art Laurence Binyon, dans l'appel émouvant qu'il adressa à l'Angleterre et à ses colonies en faveur de l'œuvre en janvier 1918, disait : « Il faut que nous fassions encore plus en 1918 qu'en 1917, il va de notre honneur de maintenir cette œuvre magnifique. Au souvenir de ce que la France a fait pour l'Europe, que la mesure de notre œuvre déborde ». Voilà l'esprit dans lequel les femmes de cette œuvre comme les hommes, sont venus à nous.

Elles sont allées du même cœur aux autres alliés.

Mrs. Saint-Clair-Stobart, membre de l'association de Saint-Jean, fondatrice de la section féminine des transports pendant la guerre des Balkans de 1912-1913, prisonnière des Allemands à Bruxelles en août 1914, condamnée à être fusillée comme espionne organisa, après sa fuite, un hôpital à Anvers qu'elle évacua avant de franchir la dernière le pont de bateaux qu'on fit sauter. Elle fonda un hôpital à Cherbourg pour la Croix-Rouge française et dès que le succès en fut assuré elle se rendit en Serbie en avril 1915 y installa un hôpital sous les tentes à Kragujevatz pour y soigner civils et militaires et des dispensaires où l'on reçut 22.000 civils blessés et malades.

En septembre 1915, nommée commandant dans l'armée serbe, elle partit pour le front avec un hôpital de campagne de la division de Schumadia.

Alors vint la terrible retraite vers l'Albanie au milieu des morts et des mourants abandonnés. « Personne, dit-elle, ne sait, ne saura jamais exactement combien périrent dans ces montagnes, mais on croit que 10.000 êtres humains y trouvèrent leur tombeau. »

Le 20 décembre 1915 elle eut la consolation d'amener sa colonne au complet à Scutari d'Albanie.

Pendant ce temps Miss Violetta Thurstan honorait l'Association en Russie. Placée à la tête d'un contingent de garde-malades de Saint-Jean à Bruxelles elle fut aussi prisonnière de l'ennemi. Après avoir soigné Belges, Français, Allemands dans la petite ville de Marcelline elle fut évacuée au Danemark avec une centaine d'autres garde-malades. Au lieu de rentrer chez elle, elle reçut l'autorisation d'aller en Russie où les blessés manquaient de soins. Elle apprit un peu de russe tout en travaillant dans les hôpitaux de l'arrière à Varsovie, à Lodz bombardé. Pendant la retraite elle travailla de concert avec les membres du convoi anglais automobile où l'on évacua plus de 18.000 blessés en 4 jours. Allant jusqu'aux tranchées soigner les soldats elle y fut aussi blessée et dut repartir pour l'Angleterre après avoir été décorée de la Médaille de Saint-Georges « pour son courage et pour son dévouement ».

En 1915 elle revient en Russie pour s'occuper des 5 millions de réfugiés qui étaient à Pétrograd, Moscou, Kief, Kazan, Nijni-Novgorod. Grâce à ses enquêtes, à ses appels, de nombreux médecins et gardes avec leurs hôpitaux furent envoyés d'Angleterre en Russie. De retour en Angleterre, elle fit œuvre d'organisatrice pour repartir enfin diriger les garde-malades belges et anglaises de l'hôpital de l'Océan à La Panne en Belgique à 7 kilomètres du front.

Ces deux figures héroïques représentent dignement la Société dont elles sont membres.

F. D.

V. A. D.

Malgré tout, les Sociétés de Croix-Rouge et le Service de santé n'auraient pu suffire aux besoins sans l'organisation d'avant-guerre, à laquelle on doit les V.A.D. (Voluntary aid detachments) ou sections des femmes aides-volontaires. A l'ouverture des hostilités, les V.A.D. étaient prêtes à servir en réserve de la Croix-Rouge et des services de l'armée. De plus, leur organisation a créé des hôpitaux auxiliaires, des cantines et des hôpitaux de convalescents. Elles y font tout le travail, sauf le service des garde-malades certifiées ; elles deviennent filles de salle, d'autres astiquent, font la cuisine, sont à la lingerie, à toutes les plus humbles besognes. C'est ce qui arrive à l'hôpital des soldats paralysés du Star and Garter (de l'Étoile et de la Jarretière). Les V. A. D. sont économes, secrétaires, aides au service des rayons X., téléphonistes et conductrices d'automobiles dans différents services.

Quelques unes sont payées, mais beaucoup font un travail bénévole. Quand elles sont dans les hôpitaux militaires, elles reçoivent une petite solde ; celles qui travaillent pour la Croix-Rouge en France sont défrayées de leur entretien; elles portent l'uniforme de l'une ou de l'autre des deux sociétés de Croix-Rouge et reçoivent un galon pour chaque année de service de guerre.

S. W. U.
ŒUVRES DES SUFFRAGETTES ÉCOSSAISES

La preuve de ce que peuvent les femmes britanniques, nous est donnée surtout par les suffragettes d'Écosse. Aucun Français ne devrait ignorer les noms des docteurs Elsie Inglis et Alice Hutchinson ; on devrait raconter ce qu'elles ont fait à tous les petits enfants dans nos écoles.

Et d'abord, elles ont créé des hôpitaux qui, fondés par des femmes, administrés par des femmes, comme l'hôpital d'Endell Street, à Londres, n'occupent que des femmes. Ce fut pendant l'automne de 1914, que Mlle Elsie Inglis, docteur en médecine, vint en soumettre le projet à la Fédération écossaise des sociétés pour le suffrage des femmes. 40.000 francs environ de dons volontaires leur permirent de monter immédiatement un hôpital. L'armée britannique étant pourvue, les Écossaises offrirent leurs services à la Belgique, à la France et à la Serbie qui les acceptèrent avec reconnaissance.

De tous les coins du monde, même de la secrète « pourda » d'une petite « ranie » hindoue, l'argent afflua. C'est à Calais que le premier hôpital fonctionna sous la direction du docteur Alice Hutchinson. Les snffragette savaient à combattre l'épidémie de typhoïde qui ravageait l'armée belge ; de tous les hôpitaux de la ville, le leur eut le moindre pourcentage de pertès.

Pour la France, elles fondèrent alors un autre hôpital dans l'ancienne abbaye de Royaumont. Mrs. Harley, sœur de lord French, dont on a dit plus haut la fin héroïque, en était l'administrateur ; Miss Cecily Hamilton, auteur dramatique, en fut le secrétaire et le médecin-chef : miss Ivens, docteur de Liverpool ; miss Agnes Savill, docteur de Londres, en était le radiographe et Mme Eliz. Butler, le bactériologiste. L'hôpital qui ne soigne que des blessés français est toujours en pleine activité. A Villers-Cotterets, le docteur Ivens et son équipe ont fondé un autre hôpital pour 300 blessés français. Dans ces deux hôpitaux, elles ont installé un remarquable service de Rayons X avec ambulance spéciale.

Miss Ivens vient de recevoir la croix de la Légion d'honneur pour les services qu'elle a rendus à la France. Miss Marion Wilson, après s'être dévouée comme chirurgien au service des blessés français pendant deux ans environ, est morte en l'automne de 1917. Elle avait été décorée par la France.

En Serbie, les suffragettes écossaises avaient 5 hôpitaux au moment de la grande retraite de 1915. Elles reculèrent peu à peu avec l'armée sous la pression ennemie, improvisant hôpitaux et postes de secours chemin faisant. Vint le moment où il fallut choisir : faire une pénible retraite par les montagnes d'Albanie ou tomber avec les blessés aux mains de l'ennemi. Les unes, avec le docteur Beatrice Mac-Gregor, suivirent la retraite au milieu d'un peuple de fuyards, privées de nourriture et d'abri, sans feu, même la nuit à 2.500 mètres d'altitude, où l'on était aveuglé par les tempêtes de neige. Le groupe du docteur Hutchinson fut retenu prisonnier, toutes ses installations furent volées au mépris de la convention de Genève.

A Krujevatz, le docteur Elsie Inglis et le docteur Holl-

vay continuèrent de soigner leurs blessés serbes pendant
es trois premiers mois de l'occupation ennemie. Dans
in hôpital de 400 lits, 1.200 malades étaient entassés.
Les Écossaises travaillèrent sans relâche, malgré les
privations et l'angoisse : « la douleur et le bonheur y
urent étrangement mêlés », dit le docteur Inglis. Enfin,
u bout de plusieurs mois, on apprit en Angleterre que
es femmes-médecins et garde-malades allaient rentrer.
Le gouvernement serbe avait décerné la croix de l'ordre
le Saint-Sava à plusieurs d'entre elles, et à Miss Elsie
nglis la croix de l'Aigle blanc, l'ordre le plus élevé
lu royaume et qu'elle fut la première femme à recevoir.

A peine de retour, elle voulut repartir et le comité
le Londres lui en fournit les moyens. En juillet 1916,
leux hôpitaux de campagne partirent sous la direction
lu docteur Elsie Inglis pour rejoindre la division serbe
qui se battait en Russie. Les femmes-médecins étaient
accompagnées d'une colonne de transports avec ambu-
ances, cuisine automobile, camions de réparations,
voitures sous la direction de l'honorable Evelyn Haver--
ield. Elles arrivèrent en Russie au moment où la
Roumanie entrait en guerre, elles rejoignirent aussitôt
a division serbe qui se battait dans la Dobroudja, à
Medjidieh. C'est de là que partit la terrible retraite des
mbulances avec celle de l'armée et de la population.
Partout, elles improvisaient des postes de secours. Nulle
le celles qui furent là-bas n'oubliera les tortures de la
etraite. A Braïla, elles se chargèrent d'un hôpital et
l'une seconde salle d'opérations ; il n'y avait que sept
médecins pour 11.000 blessés. A Galatz, où elles arrivèrent ensuite, la tâche fut aussi dure : les femmes-
hirurgiens n'eurent une fois en 63 heures de travail à
a salle d'opérations, que deux repos de trois heures.

La retraite recommença, elles arrivèrent à Reni. Pendant ce temps, un autre groupe d'Écossaises avait charge de tout un hôpital à Odessa sous les ordres de miss Chesney.

En août 1917, elles rejoignirent la division serbe qu'on avait dû mettre au repos, et, vers la mi-novembre, l'admirable petite armée que miss Inglis n'avait jamais voulu abandonner fut évacuée de Russie avec les Écossaises. Le docteur Inglis débarqua à Newcastle le 25 novembre 1917, et le lendemain, elle mourut.

FRENCH WOUNDED EMERGENCY FUND

Comité de secours d'urgence aux blessés français dans les hôpitaux militaires.

Cette œuvre doit toute son activité aux femmes britanniques. Pendant que les hôpitaux des femmes écossaises soignent plusieurs centaines de nos soldats, cette œuvre admirable apporte à nos blessés français des hôpitaux militaires, tout un complément d'appareils, de vêtements et de nourriture. Elle aide de toute manière les populations civiles des régions dévastées. Elle a des ramifications dans toute la Grande-Bretagne.

Hôpitaux militaires français.

Les délégués de l'œuvre, dont le travail est bénévole, visitent les hôpitaux français de toutes les régions pour voir quels sont les besoins de nos soldats. Une équipe de dames volontaires à Londres fait les expéditions aux hôpitaux de province; à Paris, une autre équipe fait le même service aux hôpitaux de Paris sous la direction de la secrétaire générale qui est « l'âme » de l'œuvre.

Elles assistent déjà les hôpitaux militaires de plus de 1.200 villes françaises, aussi les hôpitaux français de Salonique et celui de Rabat au Maroc. Du 1ᵉʳ février 1915 au 19 janvier 1918, elles ont distribué 1.209.173 pièces de vêtements, pansements, etc.; pendant 37 mois plusieurs milliers de dons en nature; leurs souscriptions se sont élevées à plus de 4.500.000 francs. L'installation de la salle des soldats français paralysés aux Invalides et celle de l'hôpital de Beauvais leur sont dues.

Civils.

Dans un secteur comprenant 28 villages elles ont aidé à loger, à ravitailler plus de 300 personnes.

Cantines. — Foyers.

Dans les secteurs du front elles ont aussi installé des œuvres et des cinémas. Elles ont au front, comme les Écossaises, des ambulances de rayons X.

CANTINES D'URGENCE DES FEMMES BRITANNIQUES

Les femmes britanniques voulant accueillir nos soldats aux gares de Paris créérent en avril 1915 la société féminine de secours immédiat (Women's Emergency Canteens).

A Chelsea, à Londres, et à la Porte Dauphine, à Paris, deux sections féminines, dont la première dépend de l'œuvre de la reine Marie, fabriquent des moulages de papier mâché et des appareils articulés pour les blessés anglais et français.

Plusieurs des dames qui en font partie sont des artistes peintres ou sculpteurs. Grâce à leurs appareils, nombreux sont les soldats qui ont recouvré l'usage de leurs membres ; l'un dont la main était inerte peut écrire de nouveau ; l'autre qui n'allait qu'avec des béquilles marcha à l'aide d'une seule canne dès qu'il eut mis la chaussure spéciale qu'on lui avait faite à l'œuvre. La tête d'un pauvre paralysé qui roulait en tous sens est maintenant soutenue sur ses épaules.

Enfin, grâce à Mrs. Gaskell, organisatrice de la bibliothèque de guerre (War library), et à ses collaborateurs, les soldats anglais reçoivent livres et publications : 1.810 hôpitaux d'Angleterre et 272 hôpitaux en France, sans compter les navires-hôpitaux, sont sans cesse approvisionnés. La « Bibliothèque des Camps » pour l'armée combattante avait reçu l'année dernière plus de 9.000.000 de publications.

Aucune infortune n'a trouvé les dames anglaises indifférentes ou inertes. Il faut au moins citer ici la générosité, la délicatesse, la constance de l'aide qu'elles ont apportée aux réfugiés belges qui arrivèrent en Angleterre par milliers. Quel est l'endroit où ne se trouve un foyer riche ou pauvre qui ne les ait accueillis fraternellement?

QUAKERS

La Société des Amis (Quakers) nous a prouvé qu'elle méritait bien son nom. Depuis le mois de novembre 1914 les « Amis » ont une mission qui travaille dans les régions dévastées comme ils l'avaient déjà fait en 1870. « Nous cherchons », disent-ils, « à subvenir dès à présent aux besoins des victimes de la guerre, à les aider à préparer l'avenir; nous leur donnons des soins médicaux, nous leur apportons des vêtements, des meubles, de la literie; nous mettons à leur disposition des machines agricoles pour qu'ils ne soient pas dénués à leur retour dans leurs foyers bouleversés. Sur l'invitation des autorités françaises nous construisons des maisons démontables, grâce auxquelles les malheureux émigrés ne se trouvent plus entassés, et qui préparent déjà la reconstruction définitive ».

282 villages, près de 35.000 personnes ont été secourus par leurs soins. Les dames de la Société des Amis

ont distribué 2.536 lits et matelats, 1.160 poules et lapins et pour 31.000 francs de graines et d'engrais, en plus de 90.000 de machines agricoles que la Société a donné, sans compter les outils. Ainsi la vie a été redonnée à ces villages des régions dévastées de la France.

Les femmes de la mission s'occupent surtout de la confection, de la distribution des vêtements, même de lunettes pour les vieux, et de celle des meubles. Elles soignent les enfants pour qui elles ont des hôpitaux, des maisons de convalescence, des garderies et des écoles; elles soignent aussi les femmes à la grande maternité de la mission à Châlons-sur-Marne.

De nombreuses œuvres privées créées par des femmes anglaises travaillent pour nous.

L'ouvroir anglais de Paris, auquel Mrs. Hearn, femme du consul britannique, prend une part active, fondé en 1914 par la comtesse Granville, fait travailler 122 ouvrières françaises à la confection de costumes d'hôpitaux et de gilets. Depuis l'entrée en guerre de l'Amérique, l'ouvroir dépend de la Croix-Rouge américaine; mais les femmes de la Grande-Bretagne continuent à donner l'étoffe nécessaire à la confection des vêtements.

(Voir projections lumineuses : 1-2-3-4-5-6-7, pages 51 à 54).

III· — LES FEMMES MILITAIRES·

W.A.C.S. *(c'est-à-dire Armée auxiliaire de femmes)* « Women's auxiliary Army Corps ». W.R.E.N.S. *(c'est à dire Roitelets, Armée auxiliaire de la marine)* « Women's royal naval service ». PENGUINS *(c'est à dire Pingouins, Armée auxiliaire de l'aviation)* « Women's flying Corps ».

Cette nation, qui était avant la guerre la moins militaire d'Europe, qui n'avait même pas de service obligatoire pour les hommes, est transformée à ce point qu'elle a maintenant près de 50.000 femmes soldats.

Partout, mêlés aux uniformes des infirmières, vous voyez leurs uniformes militaires bruns ou bleus, parmi lesquels ceux des femmes de la marine font une tache sombre. Cet uniforme a un air sévère et presque ecclésiastique. Le premier corps, celui des W.A.C.S. est le plus nombreux, le plus ancien et le plus populaire. La reine Marie en a accepté la présidence d'honneur.

Connu en Grande-Bretagne sous ce nom familier de W.A.C.S., initiales de sa désignation, il fut créé en février 1917 pour libérer les soldats de l'arrière. Le ministère de la Guerre, dont il dépend, lui a donné son administration militaire; les membres en sont payés par le Gouvernement. Les W.A.C.S. ont vite remplacé les soldats aux services auxiliaires en Angleterre et en France à l'arrière des lignes. Elles sont entrées dans des services divers tels que ceux de : 1° secrétaires, bibliothécaires, dactylographes ; 2° ceux des cuisines, des mess d'officiers, etc. ; 3° ceux de la conduite des transports automobiles, des signaux d'armée, de l'intendance, des manufactures de chaussures, d'équipements, de la boulangerie, des postes et téléphones de l'armée, etc.

Quand une femme désire s'enrôler dans les W.A.A.C.S. elle signe d'abord un engagement pour la durée de la guerre, ou pour un an au cas où les hostilités cesseraient avant ce délai; elle doit avoir 18 ans au moins pour servir en Angleterre, et 20 ans pour servir en France. Lorsque ses références sont satisfaisantes, on la convoque ensuite à paraître devant une commission de 3 membres : un membre des W.A.A.C.S., un expert de la branche où elle désire entrer et un délégué du travail.

Le corps n'enrôle que des femmes ayant déjà exercé un métier ou une profession.

Celles qui sont admises reçoivent un équipement : chapeau, col et complet bruns, souliers, bas et blouse de travail.

Les détachements, dirigés sur la France, sont vaccinés et inoculés comme le reste de l'armée. Ce sont de vrais soldats qui font l'exercice, obéissent à la consigne, s'entraînent aux sports et vivent dans des camps. Celles dont la demeure est proche ont un permis spécial pour rentrer chez elles.

Il est bien entendu qu'elles ne vont jamais sur la ligne de feu. Les chefs désirent, avant tout, maintenir la discipline et l'esprit de corps parmi elles.

Les Roitelets et les Pingouins font, comme nous l'avons dit, un service analogue pour la marine et pour l'aviation. Ainsi toutes ces femmes ont rendu directement ou indirectement des milliers d'hommes au service armé.

En février 1917 la section des cuisinières de l'armée fondée par Mrs. Leach et qui comprenait déjà plus de 7.000 membres en 1916 a été incorporée à l'armée dans les « W.A.A.C.S. ». Leur œuvre n'est pas des moindres. Grâce à elles des milliers d'hommes ont pu rendre d'autres services ; des quantités incroyables d'aliments qui auraient été gâchés par les cuistots ont été bien employés, les hommes mieux nourris et le travail bien assuré. Il suffit de 13 ou 14 femmes pour faire la cuisine de 1.000 hommes.

(Voir projections lumineuses : 8-9-10-11-12-13, pages 54 à 57).

IV. — LES FEMMES DANS LES INDUSTRIES DE GUERRE ET DANS LES INDUSTRIES PRIVÉES.

Si admirables que soient les femmes des services sanitaires, leur travail n'est que sauvetage.

A côté, il y a le travail créateur, qui ravitaille le combattant en armes et en munitions, qui lui permet de de tenir aux tranchées; qui fait vivre le pays; qui donnera à celui-ci la prospérité industrielle et commerciale. Des millions de femmes s'y emploient dans les usines d'Angleterre comme dans les nôtres. Pour deviner ce que l'Angleterre, et par conséquent l'alliance franco-anglaise, doit aux travailleuses de là-bas, il suffit de citer ces paroles d'un spécialiste des questions ouvrières: « Sans les femmes de la Grande-Bretagne, le pays serait déjà tombé aux mains de l'ennemi ». Les chefs d'industrie et les contremaîtres, hommes d'expérience, en sont les premiers témoins. Ils disent aux inspectrices des usines que le travail de leurs ouvrières a dépassé leur attente. Le directeur d'une usine à gaz déclara, en 1916, qu'elles pouvaient tout endurer après ce qu'elles avaient fait chez lui. Pourquoi font-elles l'admiration générale, malgré une infériorité physique certaine et le manque trop fréquent d'apprentissage? Car, avant la guerre, les ouvrières anglaises, même celles qui étaient aux pièces, se contentaient si vite du salaire qui leur semblait normal, qu'elles n'auraient rien fait pour accélérer la vitesse de leur travail. Le sentiment, chez les femmes surtout, fait surgir des forces inconnues et multiplie celles qui existent : depuis la guerre, les ouvrières vont jusqu'au bout de leur vitesse. Maintenant, il s'agit non seulement de faire de l'argent, mais de travailler pour les soldats. L'une dit : « Mon fiancé, il est parti, mes deux frères aussi, moi, il faut bien que je travaille ! »; une autre écrit à son mari : « qu'elle en met aussi ». Elles savent que nous avons le bon droit pour nous : « c'est la bonne cause qui fait le bon courage du travailleur », comme le déclarait à l'inspectrice l'ouvrière d'une fabrique d'équipements militaires.

Ces inspectrices des usines ont elles-mêmes fait une belle œuvre sous la direction de l'inspectrice principale, miss Anderson. C'est dans leurs rapports que l'on voit l'effort et la vie des ouvrières. Elles donnent indications et avertissements nécessaires aux chefs des anciennes et des nouvelles installations au sujet des femmes. Elles veillent à ce que celles-ci ne manquent d'aucun soin médical, d'aucune installation hygiénique. Membres consultants des comités du travail, elles épargnent de grandes pertes de matériel, de temps et d'effort, et elles écartent les malentendus. Elles veillent aussi à la stricte application des lois et des règlements du travail des ouvrières. « Tout en reconnaissant que nous sommes en guerre et que le travail doit être fait », dit miss Anderson, « nous voulons ne pas oublier qu'il doit être organisé de telle sorte et des machines installées pour que que la santé des jeunes filles, des jeunes femmes et de ceux qui naîtront plus tard ne courre aucun risque ».

A la déclaration de guerre, l'avenir était plein de promesses. Il y avait bonne entente entre ouvrières et patrons, leurs organisations respectives et les inspectrices. La vie des femmes à l'usine s'améliorait de jour en jour. A l'ouverture des hostilités, elles subirent une brève mais terrible crise de chômage. Beaucoup de leurs usines virent leurs commandes annulées, d'autres dépendaient, soit pour leur outillage, soit pour leurs matières premières ou pour leurs exportations, de l'Allemagne ou de l'Autriche. Tout de suite, les associations de femmes et les fédérations que nous avons vues déjà si actives, vinrent à l'aide. 99 ateliers spéciaux furent ouverts par les soins des sociétés de suffrage du conseil écossais des métiers féminins, de l'association nationale des femmes, de l'association chrétienne des jeunes filles. Ils furent lancés dans les meilleures conditions, grâce à un bel esprit de camaraderie et on mit à leur tête des directrices compétentes.

Les comités, à la tête desquels se trouvait celui du travail des femmes, désiraient surtout développer les connaissances et les capacités des chômeuses. Tout de suite, les réfugiées françaises et belges furent accueillies aux ateliers; car « l'Angleterre, » dit miss Anderson « se sent responsable de leur existence ».

A la crise de chômage, une période de travail intense, qui dure toujours, a succédé : les ouvrières durent faire tout-à-coup un effort surhumain qui peu à peu redevint plus normal. Partout surgirent les nouvelles usines celles de l'armement et les autres à l'heure où les ouvriers partaient, d'abord comme volontaires, puis appelés par la conscription. Ce fut la cause du grand mouvement du remplacement des hommes par les femmes, du « problème de la substitution », comme disent les Anglais.

La revue du ministère du Travail (Labour Gazette) pour février 1918 indique que tandis qu'il y avait 3.287.000 travailleuses en juillet 1914, comme il a été dit plus haut, en octobre 1917 il y en avait 1.426.000 de plus soit un pourcentage de 43,4.

A cette date les femmes avaient remplacé 1.413.000 hommes surtout aux emplois du gouvernement, aux tramways et dans les administrations de l'État.

Et spécialement pour les industries des métaux, chimiques, textiles, de l'habillement, alimentaires, du papier et de l'imprimerie, du bois et autres, en octobre 1917 il y avait 530,000 femmes de plus qu'en juillet 1914 malgré la forte diminution du nombre des ouvrières des industries textiles qui de juillet à octobre 1917 a suivi la baisse de l'arrivage du coton brut.

Toujours à la même date il y avait 700.000 femmes aux usines de munitions, 650.000 dans les autres industries du gouvernement ; de plus 40.000 autres femmes étaient alors employées par le gouvernement à des travaux de transports ou commerciaux.

Le ministère de la guerre britannique avait lancé cet appel au pays : « Femmes de la Grande-Bretagne, patrons, rappelez-vous que :

« 1° nul homme, apte au service militaire, ne doit être maintenu dans un emploi civil si sa place peut être occupée pendant la guerre par une femme ou par un homme inapte à servir sur le front;

« 2° aucun inapte ne devrait être maintenu à un poste qu'une femme peut occuper, si le premier peut libérer un soldat bon pour le service armé et qui ne saurait être remplacé directement par une femme ».

USINES DE GUERRE.

Donc, les usines de munitions ont semblé sortir du sol. Le voyageur qui descend du nord de l'Angleterre jusqu'à Londres croit au bout du voyage n'être jamais sorti d'une immense usine qui travaille jour et nuit. « Le pays n'est plus qu'un énorme atelier ». Des usines de projectiles pour la fabrication des fusées et des corps d'obus se sont multipliées de semaine en semaine. Des usines pour le chargement des obus sont apparues si vite qu'un champ de blé, qui ondoyait sous le vent, était huit mois après une immense usine, active comme une ruche ». Presque tout y est fait par des femmes, sauf le montage et la réparation de l'outillage. Il y a en Grande-Bretagne 1.250.000 femmes aux usines de l'armement. Leur nombre s'est accru d'environ 19.000 par mois ; en janvier 1917 il y avait 95 p. 100 de femmes dans certaines usines de munitions; 2/3 des 500 procédés de la fabrication des munitions auxquels elles s'appliquent maintenant n'avaient jamais été confiés à des femmes avant la guerre; les 9/10 des obus qui partent pour le front sont dûs à leur travail. On voit comme elles ont répondu à cet appel publié par le ministère des Munitions le 16 octobre 1916: « le ministère est prêt à accueillir les demandes des femmes de toutes les classes de la société qui désirent faire leur apprentissage d'ouvrière aux établissements qu'il vient d'ouvrir en plusieurs lieux du royaume avec le concours de professeurs compétents. »

Des femmes de toutes les classes ont répondu à

l'appel : on peut voir dans la même équipe des ouvrières, une ancienne couturière de grande maison, une intendante, une chanteuse, une porteuse de pain, une salutiste et plusieurs « dames » pour qui le souci du gagne-pain n'existe pas. Parmi celles-ci, beaucoup sont de simples ouvrières, d'autres sont des contre-maîtresses qui ont fait un rude apprentissage à l'arsenal de Woolwich (qui dès janvier 1917 en occupait déjà 20.000). Elles gagnent de 30 à 40 shillings par semaine, salaire souvent inférieur à celui des ouvrières.

A travailler ensemble, elles ont appris à se comprendre. La femme riche, qui a abandonné le luxe de son hôtel pour l'usine, connaît maintenant les besoins et les soucis d'une compagne qui fait vivre ses cinq petits frères et sœurs, ou d'une mère de famille dont le mari se bat. Elle sait maintenant, pour le faire tous les jours, ce que veut dire travailler 10, 11 ou 12 heurespar jour pendant 14 jours et autant de nuits (car le système des équipes de 8 heures n'est pas fréquent), faire deux heures de chemin par tous les temps, être mise à l'amende pour quelques minutes de retard, avoir pour tout siège une étroite planchette, rester de longues heures debout, travailler à la lumière artificielle dans une atmosphère qui s'empoisonne et sortir de l'atelier titubant de fatigue.

Et comment les ouvrières n'estimeraient-elles pas les femmes qui habillées de la même blouse de travail sont venues travailler à côté d'elles dans le bruit de machines qui pilonnent, tapent, mugissent et sifflent ; qui pendant les raids, attendent aussi dans l'obscurité de l'arsenal sous la table entourée d'explosifs que le Zeppelin ou le Gotha soit passé et qui sont les premières à se montrer calmes et maîtresses d'elles-mêmes ?

C'est le travail des munitions et de l'armement qui aura fait la fraternité des femmes britanniques.

(Voir projections lumineuses : n°s 14-15-16-17-18-19, *pages* 57 à 59).

***

AUTRES INDUSTRIES

Les industries civiles se sont maintenues, complétées et mêmes créées, pour remplacer celles de l'ennemi. Les ouvrières britanniques y ont fait preuve d'une adaptation qui donne bon espoir. Elles savent se mettre aux nouveaux procédés, aux nouvelles machines. Il y a eu aussi un tel mouvement d'ouvrières, de métier à métier, qu'elles ont semblé faire une immense partie de quatre coins d'un bout à l'autre de l'Angleterre. On verra tout à l'heure, qu'elles remplacèrent les hommes dans presque toutes les branches de l'industrie civile, dans les industries chimiques, textiles et de métaux, dans les manufactures de papiers, dans les travaux du bois, dans tous les métiers. Elles fabriquent des objets qui venaient d'Allemagne, tels que sacs, têtes de poupées, porcelaines à inscriptions. Grâce à la création de l'industrie des aiguilles des machines à tricoter les femmes ont pu nous envoyer d'Irlande les jerseys des marins français, qui sont venus de là-bas avec le drap bleu horizon de nos soldats.

Pour remplacer les ouvriers par des femmes, il a fallu vaincre bien des difficultés : le manque d'apprentissage, la faiblesse relative qui fermait à celles-ci les travaux de force, la difficulté de les transporter d'une région à l'autre suivant les besoins industriels.

D'abord le gouvernement et les nouveaux ateliers ont formé de nombreuses apprenties. A Leeds et à Manchester surtout, on a sectionné les fabrications, les ouvrières n'ayant plus à faire que partie des objets. L'émigration des femmes d'une région à l'autre, par exemple celle des tisseuses de coton du Lancashire aux tissages de laine du Yorkshire put se faire parce qu'on leur avait préparé des habitations convenables, et qu'on avait facilité le transport par familles entières.

Ce que fit miss Shaw, ancienne directrice d'une école secondaire de jeunes filles à Leeds qui devint à la guerre chef des cantines des jeunes ouvrières en munitions à l'arsenal de Woolwich pour l'union chrétienne Y.W.C.A., est un exemple de ce qui fut accompli. Elle dirigea la première œuvre avec tant de succès qu'elle fut bientôt nommée surintendante de la « Colonie du gouvernement » à Coventry. Il s'agissait de loger et de nourrir 6.000 ouvrières venues de toutes les régions du royaume. On bâtit des maisons ou « hostels » pour chaque groupe de 100 dirigé par une gouvernante ou « matron ». Miss Shaw choisit, engagea ces dames, leurs aides et tout le personnel des cantines : environ 300 personnes.

Il n'était pas aisé de faire vivre ensemble des femmes de toutes les régions, de toutes les classes, de « tous les accents » et de toutes les confessions religieuses. Mais on y est arrivé à la satisfaction générale. Grâce à de bonnes machines, les « dames cuisinières » peuvent servir 2.500 déjeuners 7 minutes après le sifflet de la sirène.

Des classes de garde-malades, de chant, de gymnastique, de récréation de toutes sortes y sont suivies avec plaisir par les ouvrières. Le succès a été si grand que miss Shaw a été nommée inspectrice des cantines et des « hostels », du ministère des Munitions pour tout le royaume.

Un meilleur outillage, l'emploi de la force motrice, la distribution de vêtements protecteurs, ont permis aux femmes de faire beaucoup de métiers pénibles. Il n'y a guère que ceux de fondeurs, de mineurs et de débardeurs qui leur restent fermés. « Il est rare qu'elles viennent se plaindre de la dureté de leur travail », dit une inspectrice.

Ainsi l'Angleterre, dans ce grand désastre, apprend à se servir mieux et davantage des forces féminines; et les femmes se sentent plus d'assurance et de respect de soi.

« On se demande si la surprise et l'admiration que l'effort et l'endurance des femmes causent partout, ne sont pas dues, en partie, à l'ignorance ou à l'injustice qui ne voulait pas reconnaître en temps de paix qu'elles faisaient déjà bien des travaux de force et de longue haleine chez elles et dans l'industrie », ajoute miss Anderson.

(Voir les projections lumineuses: nᵒˢ 20-21-22-23, pages 60 et 61).

V. — ENSEIGNEMENT ET SACERDOCE

Les femmes ont toujours été nombreuses dans l'enseignement. Maintenant elles remplacent les maîtres qui sont partis même dans les écoles de garçons.

Depuis la guerre, Caroline Spurgeon, docteur de l'Université de Paris, professeur de littérature anglaise à l'Université de Londres, fait en même temps des conférences à Cambridge aux étudiants hommes et femmes, fait unique dans l'histoire des universités anglaises. Le vote parlementaire ayant été accordé aux étudiantes, le gouvernement a fait comprendre aux professeurs qu'il serait bon d'admettre les femmes aux mêmes conditions que les hommes avec éligibilité aux deux assemblées du « Sénat » et du « Conseil de l'université ».

Plusieurs femmes ont été nommées pasteurs des églises dissidentes.

VI. — WOMEN'S SERVICE: COMITÉ DE DIRECTION ET DE PLACEMENT DU TRAVAIL FÉMININ

L'organisation et l'utilisation du travail féminin, « Women's service », est une des plus belles œuvres des sociétés britanniques pour le suffrage des femmes. Le bureau fut fondé trois jours après la déclaration de guerre, l'œuvre a donc maintenant près de quatre ans d'existence.

La Société, voyant le nombre immense des femmes de toutes classes et de toutes conditions qui désiraient donner leur force à la nation, qui demandaient en vain qu'on les employât, décida d'organiser les bonnes volontés. Ce fut leur politique de guerre. Beaucoup de ces travailleuses, soit bénévoles, soit forcées de gagner un salaire, n'étaient préparées à aucun métier, ni à aucune profession; beaucoup étaient de toutes jeunes filles, beaucoup des femmes d'âge mûr. Le premier problème fut donc celui de l'apprentissage. Le bureau a créé, entre autres, une école gratuite de soudure autogène, qui a déjà placé plus de 300 ouvrières dans les usines d'aviation ; une autre section a envoyé 120 femmes comme dessinatrices dans ces mêmes usines ; une autre s'occupe de prothèse dentaire; une autre de verrerie, etc.

Ensuite, le bureau s'occupa de réunir les renseignements sur tous les corps de métiers. Il s'employa à faire comprendre aux femmes la nécessité de se préparer à un métier avant de l'exercer; à réunir des fonds pour payer l'apprentissage de celles qui étaient sans ressources et pour leur faire des avances en espèces.

N'oubliant jamais qu'il voulait avant tout soutenir les forces vitales du pays, le bureau avait déjà donné en novembre 1917 plus de 40.000 consultations individuelles, avec une moyenne de 60 par jour. Il reçoit, comme nous l'avons dit, des femmes venant de tous les milieux, avec leurs ignorances et leurs préjugés. On leur apprend quels sont les principes élémentaires de la vie économique, la nécessité du travail bien fait, d'un salaire équitable, la folie de vouloir supplanter les hommes en travaillant au rabais, la valeur de la coopération. Grâce à cette œuvre, bien des barrières qui fermaient le chemin aux femmes actives sont tombées. Il y a déjà une grande amélioration dans les salaires ; partout on sent triompher l'esprit de décision et d'entreprise.

Enfin, à cet exercice journalier, les membres consultants du bureau ont acquis des connaissances matérielles et psychologiques qui en font un des soutiens les plus utiles du gouvernement britannique pour tout ce qui touche à la mise en œuvre des forces féminines de la nation.

VII. — ADMINISTRATION DE L'ÉTAT ET SERVICES MUNICIPAUX

C'est dans les administrations de l'État (Civil service) que l'on trouve le plus grand nombre de femmes qui furent sans emploi jusqu'à la guerre. Celles qui appartenaient déjà à l'un ou à l'autre service ont accès aux postes supérieurs. Le ministère de l'Intérieur a créé dix nouveaux postes d'inspectrices des usines. Une Inspectrice est devenue vérificateur au ministère de l'Instruction publique ; une autre l'est au bureau des assurances contre les accidents du travail. A la comptabilité de la marine, à celle des douanes, à la perception elles occupent pour la première fois de hautes situations dans les bureaux. Enfin, depuis le 9 mai 1915, un fort grand nombre de sténographes et de dactylographes sont entrées dans tous les services.

Il y a des enquêteuses à celui des allocations et des pensions de guerre.

L'administration des Welfare works (œuvres et organisations humanitaires) occupe beaucoup de femmes, surintendantes, infirmières, inspectrices, etc.

L'administration du placement du travail et de l'assurance contre le chômage (depuis octobre 1916, Employment exchanges ; autrefois Labour exchanges) qui dépend du ministère du Travail intéresse les femmes à double titre.

Avant la guerre il occupait un personnel mixte de 3.266 hommes et de 1.031 femmes, qui est maintenant de 2.287 hommes et de 2.786 femmes.

Celles-ci travaillent à la « Clearing house » centrale du placement qui fait ici ce que fait la Chambre de compensation des effets de commerce pour les banques, et dans celles des 45 sections régionales où l'on recueille, où l'on classe et où l'on fait passer demandes et offres.

En même temps les femmes comme les hommes s'adressent aux bureaux de l'administration pour trouver du travail :

Pendant l'année 1917, 810.868 femmes et jeunes filles ont été placées par son entremise avec l'aide de comités consultatifs locaux qui se sont occupés du travail et du bien-être des femmes pendant la guerre.

Il a aussi recruté 20.000 membres des « W.A.A.C.S. » 17.500 secrétaires pour le gouvernement, de nombreux membres de l'armée agricole et des employées des cantines de l'armée et de la marine.

Dans toutes les régions de l'Angleterre, à pied ou à bicyclette, les postières portent lettres et paquets; dans Londres elles dirigent les camions automobiles, les attelages à quatre chevaux de la poste centrale. Vous avez vu tout à l'heure où les femmes soignent ces chevaux.

On voit des femmes chargées d'allumer les réverbères et qui parcourent dix kilomètres par jour.

Comme dans les grandes villes de France, il y a des balayeuses et des boueuses, des jardinières de jardins publics.

Il y a des chimistes qui étudient les microbes des terrains d'épandage et d'irrigation.

Il y a encore une police féminine créée à l'arrivée des réfugiées belges qu'il fallait souvent diriger en pleine nuit. Cette police existe dans les usines de munitions depuis l'été de 1916 pour surveiller les entrées et les sorties, pour fouiller les ouvrières soupçonnées de contrebande, vérifier les laisser-passer et pour surveiller, la conduite des ouvrières à l'usine et aux environs.

Une branche secondaire de la police femine est celle des patrouilles « Women's patrols » chargée de la surveillance et de la protection des jeunes filles dans les parcs, dans les rues et surtout aux abords des casernes et des camps de soldats. Il y avait déjà plus de 2.000 femmes attachées à ce service en 1917. Elles cherchent avant tout à protéger les jeunes filles insouciantes ou sans défense. Elles leur procurent des récréations saines et un bon emploi de leurs loisirs dans des cercles de jeunes filles et même dans des cercles mixtes bien organisés et surveillés.

Le succès des 400 pa   les de Londres et des patrouilles de province es   es grand. A Dublin pendant les troubles de 1916 les révolutionnaires et les soldats leur avaient donné droit de passe.

On a même formé un corps permanent de pompiers parmi les femmes des usines; elles sont près de 100 qui portent le même uniforme que celui des hommes, qui font l'exercice la hache au côté et le sifflet à la poche. Elles ont la surveillance de tout le système des avertisseurs et des extincteurs à incendie. Elles combattent le feu avant l'arrivée des pompes. Elles font évacuer les locaux. Le sergent-instructeur qui forme les pompiers de Londres depuis trente ans et qui les a dressées au sauvetage est fier de leur souplesse et de leur courage.

LAND ARMY (ARMÉE DE TERRE)

Pour comprendre la nécessité et les bienfaits du travail agricole des femmes britanniques en temps de guerre, il ne faut pas oublier qu'en 1914 l'Angleterre recevait presque toute sa nourriture de l'étranger et de ses colonies. C'était un pays d'élevage et de pâturages, de bois, de landes. La guerre déclarée, il fallut réserver une grande partie de la flotte marchande aux transports des troupes, à leur ravitaillement jusqu'en Mésopotamie aux dépens de la population civile. La guerre sous-marine a rendu le problème beaucoup plus grave. Au début de la guerre, 300.000 travailleurs, le tiers des ouvriers agricoles de la terre, s'enrôlèrent volontairement avant la conscription. Enfin, les récoltes furent mauvaises en 1916. De nouveau on fit appel au travail des femmes.

« Je suis convaincu que la victoire ou la défaite, dit le ministre de l'Agriculture, dépendront en partie des champs de pommes de terre et de céréales de la Grande-Bretagne » (décembre 1916).

Il y avait d'autant plus à faire que, contrairement à ce qui se passait en France et en Écosse en temps de paix, très peu de femmes étaient employées aux travaux de la campagne en Angleterre. Dès 1915, des personnes privées et des comités volontaires se mirent à l'œuvre.

En 1916, le ministère du Commerce, puis celui de l'Agriculture établirent des comités agricoles de guerre pour les femmes dans chaque comté. La section des femmes a été transférée définitivement au service de la production alimentaire en 1917 auquel 13.000 femmes s'enrôlèrent volontairement pour travailler au recrutement féminin. Le but est : le recrutement et la formation des travailleuses agricoles.

Les femmes de la campagne s'inscrivirent au nombre de 100.000 en 1916. Elles sont maintenant plus de 260.000 ; mais ayant déjà fort à faire, elles ne peuvent offrir que partie de leur temps. Pour la mettre à profit on a organisé sous de bonnes directions des équipes de roulement et le résultat est excellent. On leur a vendu chaussures et vêtements solides à prix coûtant.

Pour les nouvelles venues, que l'on appelle l'Armée des Travailleuses de la Terre (Land Army) les difficultés sont : celles de l'apprentissage, du logement, de l'isolement et celle de la modicité des salaires agricoles.

Toute recrue reçoit, dès qu'elle a signé l'engagement par lequel elle accepte d'être envoyée n'importe où : un mois d'apprentissage gratuit, 2 équipements complets, l'indemnité de ses frais de voyage, et on lui assure en même temps un gage minimum.

On a ouvert 250 fermes-écoles dans de grandes propriétés ; 7 écoles de culture-mécanique par lesquelles 50 élèvent passent tous les mois et dont le nombre a peut-être déjà doublé. Il faut y ajouter une école forestière qui forme des chefs d'équipe.

L'apprentissage qui dure de six semaines environ à quelques mois permet aux nouvelles recrues de vaincre les courbatures avant d'exercer un emploi dans une ferme ; les leçons et les exercices pratiques les forment aux travaux assez simples : par exemple la traite des vaches, l'entretien des bergeries, étables et porcheries, l'élevage des volailles, l'épandage du fumier, le sarclage des navets et des carottes, certains travaux des récoltes et toutes les petites occupations de la ferme. Celles qui ont étudié plus longtemps s'occupent des chevaux et des machines. On ne prétend pas remplacer les leçons d'une longue expérience, ni faire faire à des femmes des tours de force impossibles.

Dans chaque région, des déléguées volontaires des comités veillent au bien-être moral et matériel des ouvrières agricoles. Les instituts de femmes s'occupent aussi de toutes ces questions. Depuis deux ans, elles ont leur journal mensuel. Les cultivateurs les ont accueillies d'abord avec méfiance, mais leurs préjugés disparaissent peu à peu devant les résultats obtenus.

Ni l'enthousiasme, ni le travail n'ont faibli : Mrs. Lyttelton, directrice-déléguée du service, demandait en avril 1918, que 30.000 nouvelles recrues de l'armée des femmes vinssent remplacer les cultivateurs combattants qu'on ne pouvait rappeler du front. Les récoltes vont dépendre de leur travail. 10.000 s'enrôlent par mois. On leur demande de signer un engagement de 6 mois au moins et aux femmes instruites de s'engager pour un an car elles font de bons chefs et leur travail est excellent.

La direction vient d'avoir une idée très ingénieuse et très anglaise pour renforcer l'appel : 200 membres de l'armée de la culture défilèrent en avril 1918 dans Londres, vêtues de la blouse blanche, du chapeau de feutre, des culottes et des jambières qu'elles portent à la campagne, quelques-unes avaient le brassard vert et l'insigne rouge des bons et longs services ; les unes avaient des canards ou d'autres animaux favoris dans les bras ; d'autres tenaient leurs outils, longs râteaux ou bêches, sur l'épaule; celles de la section forestière en bonnet vert avaient leurs sacs et leurs mesures. En tête, portant le drapeau, allait une jeune fille qui est chef de tracteur dans un grand domaine et qui a labouré avec son équipe 25 hectares de champs de pommes de terre; il y avait même une presse à fourrage.

Plusieurs orateurs prirent la parole dans un des grands parcs de la ville et dirent à peu près ceci :

« Vous direz peut-être que ce n'est pas un travail de femme que d'abattre des arbres, de les scier, d'empiler les troncs? Mais est-ce un travail d'homme que de rester pendant des jours dans la boue jusqu'à la ceinture, de dormir sur un sol labouré par des obus, d'affronter la mort et de la donner? Nos marins ont besoin de bois pour nos vaisseaux et nos soldats aussi pour leurs abris et pour leurs aéroplanes. Voulez-vous travailler à le leur fournir? » D'autres parlèrent de même pour les sections de fourrage et pour les sections agricoles.

La Grande-Bretagne devant l'effort passé et présent des femmes à la campagne, compte qu'elles vont accomplir plus encore.

(Voir les projections lumineuses : nᵒˢ 24-25-26-27, pages 61 à 63).

Les femmes reconnaissent volontiers que tous leurs efforts de guerre ne sont rien auprès de ce que font les soldats qui souffrent et qui meurent; mais il serait injuste de ne pas dire un mot de celles qui ont affronté la mort. Vous savez que des infirmières françaises ont reçu la Légion d'honneur et la Croix de guerre pour leur belle conduite dans les régions bombardées: chez nos alliés aussi, il y a eu de ces femmes héroïques. On sait comment Edith Cavell a été traitée par un ennemi à qui elle avait donné ses soins, et avec quel courage elle a reçu la mort. Dans la nuit du dimanche 8 mai 1918 plus de vingt avions de bombardement allemands attaquèrent le groupe des hôpitaux britanniques d'Étaples à coups de bombes du plus fort calibre, d'explosifs à grande puissance et de schrapnels. Ce n'était pas par méprise; car les bâtiments portaient tous la Croix-Rouge peinte sur le toit; mais nous savons que le fait n'est pas exceptionnel, que l'ennemi a souvent traité nos hôpitaux de la même façon. Il y eut plusieurs centaines de morts parmi les blessés et le personnel des médecins et des garde-malades. Celles des infirmières qui n'étaient pas blessées allaient d'un lit à l'autre pour encourager et réconforter leurs malades. Aucun traitement ne fut interrompu.

Pendant la nuit du « Corpus Christi », Fête-Dieu, le 30 mai 1918, les avions allemands sont venus bombarder à l'arrière les équipes de W.A.C.S., de ces femmes-soldats qui ont fait preuve du même courage. Pendant ce temps le gouvernement britannique, par respect pour la fête religieuse, avait accepté de ne bombarder aucune ville allemande.

Saluons ici les infirmières du *Llandovery-Castel* disparues en juillet 1918 avec leur navire-hôpital coulé au mépris de la convention de Genève par un sous-marin allemand.

A Londres, plusieurs jeunes filles téléphonistes ont été décorées de l'Ordre de l'Empire pour leur bravoure et leur fidélité au service pendant les raids, et l'on a dit en souriant que bien des maris voudraient voir décorer leurs femmes pour l'exemple qu'elles ont donné chez elles dans les mêmes circonstances.

Et à l'avenir ? Voyez plutôt les petites « girl guides » à Folkestone (Organisation semblable à celle des jeunes éclaireurs). Ces fillettes aussi ont reçu des félicitations publiques pour leur courage et les services qu'elles ont rendus pendant un raid maritime, en 1917. Tous ces exemples d'héroïsme, de dévouement infatigable, d'activité disciplinée, de foi patriotique et de fidèle amitié pour la France, prouvent que les femmes britanniques ont bien mérité notre admiration et notre gratitude. Les membres du Parlement leur ont donné le 19 juin 1917 par 385 voix contre 55 le témoignage qui devait leur être le plus sensible : *six millions* d'entre elles sont maintenant électeurs aux Communes. Ayant été à la peine, elles seront aussi à l'honneur de prendre part aux affaires nationales.

(Voir la projection lumineuse n° 28, page 63).

N° 1. — Mrs. Harley.

Décorée de la Croix de guerre française avec palme, Mrs. Harley sœur du maréchal vicomte French, qui après avoir donné toutes ses forces aux blessés fut tuée le 7 mars 1917, près de Monastir.

Cette femme héroïque après avoir installé l'hôpital de Royaumont pour la France, partit pour Salonique et Guevgheli en Serbie et une seconde fois en 1916 avec une colonne de transports pour l'évacuation des blessés serbes.

En 1917 elle donna toutes ses forces aux soins des pauvres réfugiés à Monastir. Elle y recueillit dans un orphelinat 80 petits enfants, qui étaient tous à sa charge.

Elle est morte pour avoir été blessée à la tête d'un éclat d'obus bulgare.

N° 2. — Femmes chirurgiens.

Le blessé que l'on opère ici à Royaumont est un soldat français et les chirurgiennes sont les Écossaises de la Fédération des Sociétés de suffrage dont nous avons raconté tout à l'heure l'œuvre admirable en France et en Serbie.

Les chirurgiennes sont voilées, les mains gantées de caoutchouc pour opérer dans des conditions d'asepsie parfaite.

N° 3. — Laboratoire de pathologie à l'hôpital militaire d'Endell Street à Londres.

L'hôpital où se trouve ce laboratoire de pathologie est un hôpital militaire où il n'y a que des femmes. Les deux organisatrices, le Dr Garrett Anderson et le Dr Flora Murray, installèrent d'abord un hôpital de 100 lits en septembre 1914 pour la Croix-Rouge française à l'hôtel Claridge aux Champs-Élysées et ce fut le premier des hôpitaux volontaires ouverts à Paris. On y soigna des blessés français et anglais. Le succès fut tel que le ministère de la Guerre britannique les chargea aussitôt d'installer un hôpital pour le service de santé britannique à Wimereux. Puis en février 1915 elles eurent l'organisation et la direction du grand hôpital militaire d'Endell Street qui a 578 lits et où tout le personnel est féminin :

Chirurgiens, docteurs, pathologistes, oculistes, chirurgiens-dentistes, garde-malades et aides, « Les seuls hommes y sont les malades ».

On y fait les opérations les plus graves et la section de pathologie est devenu célèbre dans les milieux médicaux anglais. Et partout l'hôpital est connu pour le calme, le confort aimable de ses salles.

N° 4. — Laboratoire de stérilisation de pansements militaires.

Ce laboratoire dépend du dépôt central de la corporation de l'aiguille de la reine Marie que dirige l'honorable lady Lawley dans le palais de Saint-Jacques à Londres (St-James's) et qui comprend 470 sections dans le Royaume-Uni et 70 sections dans le reste de l'Empire jusqu'aux confins de la terre, qui ravitaille l'armée britannique, la France et les autres alliés.

Cette chambre de stérilisation se trouve au dépôt principal de la section de chirurgie de la corporation où travaillent 3.500 personnes dont le travail est entièrement bénévole. Elles ont toutes l'uniforme que vous voyez : blouse de toile blanche et coiffe blanche légère. Elles *payent* toutes une cotisation de 1 shilling par semaine pour pouvoir *donner* leurs services. C'est le dépôt central de chirurgie qui envoie les patrons de pansements aux 220 dépôts de province.

Ici on procède à la stérilisation dans l'autoclave. Les paquets stérilisés seront mis dans des enveloppes de papier puis dans une deuxième enveloppe imperméable et fermés hermétiquement tout de suite après la stérilisation.

Cent hôpitaux sont régulièrement approvisionnés par ces dépôts.

Nº 5. — Maternité des quakers à Châlons-sur-Marne.

Ces mères ont été soignées par les dames de la Société des Amis à Châlons-sur-Marne. Les bébés qu'elles tiennent sur leurs genoux représentent les 600 petits Français qui, malgré les souffrances de leurs mères et la destruction de leurs foyers, ont eu, grâce aux bons soins des dames quakeresses, une heureuse et saine première enfance, pendant que leurs aînés pouvaient suivre l'école. Il n'y a eu qu'un décès à la maternité.

Nº 6. — Œuvres de la Société des Amis à Sermaise-les-Bains.

Nous sommes à Sermaise-les-Bains, un des endroits les plus ravagés pendant la première période de la guerre. Les pauvres habitants, complètement ruinés, manquaient de tout ; il n'a donc pas suffi de leur donner des maisons démontables. Les dames quakeresses, aidées par d'autres œuvres, dont celle du Bon-Gîte, ont distribué plus de 2.500 matelas ou lits à ces malheureux. Cette femme emporte un matelas tout neuf qu'elle vient de recevoir pendant qu'on distribuait à d'autres divers objets indispensables, même des machines à coudre.

Nº 7. — Hôpital de chevaux au nord de Londres.

Les femmes ont entièrement remplacé les hommes dans cet hôpital et les malades ne s'en trouvent pas mal. Les voici en train d'administrer une médecine à un hospitalisé. Les malades sont des chevaux de la poste centrale. Le fourrage destiné à l'hôpital est transporté et déchargé par des femmes.

Nº 8. — W.A.A.C.S. aux cimetières de l'armée britannique.

Membres de l'armée auxiliaire des Femmes.
Vous remarquez le costume dont nous avons parlé tout à l'heure. Ces femmes entretiennent les tombes des soldats tombés au champ d'honneur auprès de qui sont enterrées les infirmières tuées ou mortes de maladie en service commandé. On sait par les journaux anglais et par la correspondance privée quelle consolation c'est pour les mères et les femmes de ces soldats de savoir que les fleurs et les croix sont toujours bien entretenues sur les tombes.

N° 9. — **W.A.A.C.S.** à la boulangerie.

Cette vue a été prise en France dans un camp anglais de l'arrière. Voici des femmes de l'armée auxiliaire ou W.A.A.C.S. qui font la boulangerie de l'armée. La première enfourne au bout d'une longue pelle plate deux de ces pains en forme de brioche comme on les a en Angleterre. Les autres s'apprêtent à les transporter dans un magasin d'où on les expédiera au front. Les cuisinières ont reçu comme équipement: un grand manteau, un complet de serge, 3 cols, une casquette avec insigne, 2 paires de chaussures, 2 paires de bas, une paire de gants, 2 blouses de travail, 3 coiffes blanches.

Remarquons que depuis la guerre un grand nombre de femmes travaillent aux grands moulins où elles s'occupent de l'entretien des sacs, de l'emballage du son et des farines et de l'entretien des machines.

N° 10. — **W.R.E.N.S.** dans une cuisine de la marine.

Nous sommes dans une cuisine de la marine à l'hôpital de Greenwich. Trois roitelets, femmes-soldats de l'armée auxiliaire de la marine (ce nom vient aussi des initiales de leur désignation) enrôlées comme cuisinières font la purée de pommes de terre des malades avec un énorme presse-purée mécanique. Comme les W.A.-C.S., elles font tous les travaux auxiliaires : secrétariat, intendance, cuisine, blanchisserie, entretien et conduite des automobiles, téléphone et télégraphe, jardinage, fabrication des filets métalliques contre sous-marins et

tous les travaux techniques comme l'ajustage, la soudure à l'acétylène, la menuiserie, la réparation de ma-
gnétos, le nettoyage des canons, la photographie et
les signaux.

Nº 11. — Atelier d'aéroplanes.

Voici un atelier pour la préparation et la peinture des
ailes d'aéroplanes. L'ouvrière qui est au premier plan
passe l'enduit imperméable sur l'aile qui est tendue
devant elle.

Vous voyez d'autres ailes dans l'atelier auxquelles des
femmes travaillent également; ce sont des ouvrières qui
ont mesuré, taillé et cousu ces ailes. La cocarde rouge,
blanche et bleue que vous voyez sur la deuxième aile
gauche a été peinte par des femmes. Elles sont aussi aux
ateliers de tournage et de polissage et à certains ateliers
d'ajustage et de réparation des machines et des instru
ments, à ceux de soudure autogène, à la construction
des flotteurs d'hydravions où notamment elles exécutent
le forage des plaques pour la pose des rivets.

D'autres femmes possédant de fortes connaissances
scientifiques, font l'essai des appareils électriques et la
vérification des lentilles d'optique. Dans les bureaux il
y a des dessinatrices, etc.

Nº 12. — Dépôts d'aéroplanes.

D'autres membres de l'armée auxiliaire des femmes
pour l'aviation ou pingouins font l'inspection d'un
dépôt.

Ces étranges corps de libellules monstres sont le fuselage de futurs avions.

N° 13. — Moteurs rotatifs.

Ces quatre ouvrières appartiennent au corps auxiliaire de l'aéronautique.

Vous les voyez occupées à finir un moteur rotatif pour l'aviation.

N° 14. — Installation électrique à bord d'un navire de guerre.

L'emploi des femmes britanniques à bord des navires de guerre a donné toute satisfaction. On a vu à propos les auxiliaires de l'armée navale qu'il y a des ouvrières à tous les ateliers et aux chantiers de la marine. Il y a des ouvrières qui donnent la première couche au minium; d'autres qui travaillent à la charpenterie et à la menuiserie sur les vaissaux de guerre. Des usines de la marine possèdent même des femmes forgerons.

N° 15. — Fabrication des obus.
Obus sur le tour.

Vous vous rappelez que les 9/10 des obus envoyés par la Grande-Bretagne sur le front sont fabriqués par des femmes et que celles-ci ont appris depuis la guerre les 2/3 des 500 opérations nécessaires à cette fabrication.

N° 16. — Fabrication des obus.
Mise en sac du trinitrotoluol.

Le vêtement protecteur qui donne une physionomie si
étrange à ces ouvrières est indispensable, car sans lui
elles seraient victimes de graves maladies dues au pro-
duit si dangereux qu'elles doivent manier toute la
journée.

N° 17. — Fabrication des obus.
Ajustage de la fusée de percussion.

C'est un des nombreux procédés de la fabrication de
l'obus exécutés par des ouvrières qui ont acquis à cela
autant de rapidité et d'habileté que les hommes comme
en témoigne ce fait : il y eut un concours dans une
usine entre hommes et femmes : il s'agissait de com-
parer leur vitesse à l'ajustage des tours Herbert n° 4.
Les femmes firent le travail si rapidement que la
dernière d'entre elles eut fini d'installer sa machine deux
heures avant le dernier des ouvriers.

N° 18. — Nettoyage de locomotive.

Les femmes que nous voyons ici nettoient une loco-
motive ; elles portent un pantalon et une blouse de travail qui leur permettent de garder toute liberté d'allure ;
leurs cheveux sont protégés par une coiffe également
lavable. Chaque ouvrière possède un petit coussin sur
lequel elle peut s'appuyer ou s'agenouiller.

Nº 19. — Déchargement de camions.

Ces femmes sont occupées à décharger des camions dans une gare de marchandises. Celle qui est au premier plan empile des caisses de farine de maïs. Une autre apporte un fardeau sur un diable. Au fond vous remarquerez le sergent de ville de Londres avec son casque. Voyez la bonne disposition de la gare où les trottoirs sont à la hauteur des camions.

Le service des chemins de fer est un de ceux où l'aide féminine a été le plus précieuse. Il y a maintenant des gares de voyageurs où tout le travail est fait par des femmes sous les ordres d'une femme chef de gare; mais bien que les femmes facteurs, contrôleurs, etc. soient celles qu'on rencontre le plus fréquemment, il y en a d'autres qui se tirent avec distinction de travaux plus intéressants et fort pénibles dans les gares de marchandises du Midland (c'est-à dire de la ligne du centre de l'Angleterre). Il y a là des centaines de femmes qui chargent et déchargent des trains et des camions de lourds matériaux. On voit dans Londres des femmes qui conduisent les attelages à quatre chevaux ou les camions automobiles des postes royales, les autos du commerce. Dans la cité il y a des jeunes filles chauffeurs et conducteurs de trams et d'autobus; d'autres sont aux ascenseurs du « tube » ou métropolitain de Londres.

Le plus grand nombre des ouvrières de l'armement sont aux munitions ; mais il y en a aussi à presque toutes les autres fabrications : aux arsenaux de la flotte, à l'aéronautique, à l'aviation, aux manufactures de l'intendance.

N° 20. — Femmes chauffeurs.

Cette femme alimente la chaufferie d'une grande usine de Londres.

N° 21. — Usine à gaz.

Nous sommes dans une usine à gaz. Ces femmes y brouettent le coke.

On peut dire qu'aucune femme n'était employée dans cette industrie avant la guerre ; mais grâce à l'emploi d'un nouvel outillage, bien des travaux pénibles ont été mis à leur portée : tels que le chargement et le déchargement du charbon, le pesage des sacs, le criblage des cendres. Il y a même des ouvrières très fortes qui s'occupent des fours à cornues réfractaires. Ce sont des femmes qui vont vérifier, contrôler les compteurs, les réparer et toucher les factures.

N° 22. — Industrie du cuir.

Cette vue représente des ouvrières employées au travail du cuir. Avant la guerre, il était entièrement exécuté par des hommes, mais l'expérience a prouvé que la plupart des opérations pouvaient être confiées à des femmes surtout pour le tannage et le corroyage des cuirs légers. Même au tannage des cuirs épais comme aux cuves de chaux et de tan où l'on traite les issues (ventre, tête et épaule), travail humide et sale, on emploie des femmes à qui l'on donne des vêtements protecteurs. Comme dans nombre d'industries qui n'emploient des femmes que depuis la guerre on a transformé l'installation. Ici les poutres auxquelles vous voyez suspendre les peaux que les ouvrières vont huiler ont été abaissées. De même on a sectionné les gros baquets.

Nº 23. — Industrie du verre.

La verrerie est une des industries où les femmes ne peuvent pas remplacer les hommes partout, car le soufflage et le travail des grands fours les éprouveraient trop. Pourtant avant la guerre on leur confiait déjà certaines opérations, telles que celles de la taille, de la gravure, de la dorure et même du polissage à l'acide. Voyez ici une équipe qui transporte une grande glace; les ouvrières peuvent aussi manier les grues électriques.

Nº 24. — Armée de la terre. Un tracteur.

Après avoir fait un stage aux écoles d'application de culture mécanique, ces femmes labourent comme vous le voyez ici: l'une conduit le tracteur et l'autre dirige la charrue. On voit l'enthousiasme qu'elles apportent au travail dans les articles et les jolis poèmes qu'elles envoient tous les mois à leur journal mensuel.

Nº 25. — Armée de la terre.

Voici une femme qui fait la récolte avec une moissonneuse-lieuse mécanique. Elle semble conduire sans difficulté son attelage de trois forts chevaux et connaître le maniement des leviers.

Dans le journal de l'armée de la culture, les Anglaises rappellent ces temps-ci, qu'elles doivent montrer aux Allemands que ni gothas ni sous-marins n'arriveront à réduire l'Angleterre par la famine. Leurs Instituts s'occupent avec succès de questions de coopérative, d'industrie, d'éducation rurale, etc.

N° 26. — Fourrages.

Voici une équique mixte du comté de Devonshire, occupée à remplir de paille les sacs de l'armée. Ces femmes font partie de la section du fourrage de l'armée de la culture. La nation en leur demandant de s'y enrôler leur a rappelé les souffrances des pauvres chevaux de l'armée. La bonté envers les animaux est une vertu commune en Angleterre où l'on ne voit jamais martyriser ni battre aucun animal.

N° 27. — Fourrage compressé.

Voici deux autres femmes qui rentrent une balle de foin compressé après que la machine a fait son service.

Nous avons vu qu'il y a 600 presses à fourrage qui fonctionnent en Angleterre ; à côté des 2.400 hommes il y a 3.000 femmes attachées à ce service. Elles s'en vont d'un endroit à l'autre avec leur train sur route dans leur roulotte, à la suite du tracteur, de la presse recouverte de sa bâche verte et d'un truc. Arrivées à la prairie, elles ont laissé leur roulotte à l'écart

ur le bord de la route ; elles sont entrées avec la presse,
e truc ; elles ont enlevé les bâches, ajusté les courroies.
On a rechargé la machine et les jeunes filles armées de
eurs fourches se sont attaquées aux meules de foin. La
machine s'est mise à ronfler et à battre. Le bélier a
longé avec énergie dans le coffre sous lequel étaient
xpulsées des balles bien ficelées de fil de fer.

Pendant ce temps, une autre jeune fille avait installé
'élévateur qui lançait les balles un peu plus loin. Tout
n jour ensoleillé de printemps elles ont manié la fourche
our alimenter la trémie de la presse pendant que des
oldats empilaient les balles sur un chariot de l'inten-
ance.

L'heure des repas est celle où la roulotte entre en ser-
ice. La vaisselle n'est pas de porcelaine tendre et les
imbales n'ont rien d'élégant ; mais la santé et la joie
le se sentir utile n'y perdent rien.

Quand il n'y a plus de fourrage les bâches vertes sont
ixées et ajustées. Le tracteur repart sur la route en tête
le son train vers de nouveaux villages.

N° 28. — L'héroïsme féminin.

Les ouvrières d'une usine de guerre portent en
riomphe deux de leurs compagnes mutilées au service
u pays.

MELUN. IMPRIMERIE ADMINISTRATIVE. — M. P. 2316-L

www.ingramcontent.com/pod-product-compliance
Lightning Source LLC
Chambersburg PA
CBHW051613060726
47597CB00004B/1264